# BEI GRIN MACHT SICH IHR WISSEN BEZAHLT

- Wir veröffentlichen Ihre Hausarbeit, Bachelor- und Masterarbeit

- Ihr eigenes eBook und Buch - weltweit in allen wichtigen Shops

- Verdienen Sie an jedem Verkauf

Jetzt bei www.GRIN.com hochladen und kostenlos publizieren

**Bibliografische Information der Deutschen Nationalbibliothek:**

Die Deutsche Bibliothek verzeichnet diese Publikation in der Deutschen Nationalbibliografie; detaillierte bibliografische Daten sind im Internet über http://dnb.d-nb.de/ abrufbar.

Dieses Werk sowie alle darin enthaltenen einzelnen Beiträge und Abbildungen sind urheberrechtlich geschützt. Jede Verwertung, die nicht ausdrücklich vom Urheberrechtsschutz zugelassen ist, bedarf der vorherigen Zustimmung des Verlages. Das gilt insbesondere für Vervielfältigungen, Bearbeitungen, Übersetzungen, Mikroverfilmungen, Auswertungen durch Datenbanken und für die Einspeicherung und Verarbeitung in elektronische Systeme. Alle Rechte, auch die des auszugsweisen Nachdrucks, der fotomechanischen Wiedergabe (einschließlich Mikrokopie) sowie der Auswertung durch Datenbanken oder ähnliche Einrichtungen, vorbehalten.

**Impressum:**

Copyright © 2016 GRIN Verlag
Druck und Bindung: Books on Demand GmbH, Norderstedt Germany
ISBN: 9783668742291

**Dieses Buch bei GRIN:**

https://www.grin.com/document/431383

Jana Wienken

# Die Erzählstruktur in "Die Amsel" von Robert Musil

GRIN Verlag

**GRIN - Your knowledge has value**

Der GRIN Verlag publiziert seit 1998 wissenschaftliche Arbeiten von Studenten, Hochschullehrern und anderen Akademikern als eBook und gedrucktes Buch. Die Verlagswebsite www.grin.com ist die ideale Plattform zur Veröffentlichung von Hausarbeiten, Abschlussarbeiten, wissenschaftlichen Aufsätzen, Dissertationen und Fachbüchern.

**Besuchen Sie uns im Internet:**

http://www.grin.com/

http://www.facebook.com/grincom

http://www.twitter.com/grin_com

Universität zu Köln

Institut für deutsche Sprache und Literatur I

Seminar: *Klassische Moderne*

als Prüfung des Moduls AM3, Klips 1

Sommersemester 2016

# Zur Bedeutung der Erzählstruktur in Robert Musils
# *Die Amsel*

Vorgelegt von

Jana Katharina Wienken

2-Fach Bachelor, Fächerkombination: Medienkulturwissenschaft/ Deutsche Sprache und Literatur

Eingereicht am: 15.06.2016

# Inhalt

1. Einleitung .................................................................................................. 3

2. Zur Erzählstruktur ..................................................................................... 3

3. Erzählstruktur und Inhalt .......................................................................... 6

4. Fazit ........................................................................................................... 9

Literaturverzeichnis ..................................................................................... 10

## 1. Einleitung

Die Erzählung *Die Amsel* wurde 1936 zusammen mit Satiren, kleinen Feuilletons und Essays in Robert Musils *Nachlass zu Lebzeiten* veröffentlicht. Neben seinen großen Erfolgen wie den *Verwirrungen des Zögling Törless* und dem *Mann ohne Eigenschaften* wurde *dem Nachlass zu Lebzeiten* zunächst wenig Beachtung geschenkt. Aber auch *Die Amsel* bietet neben den bekannteren Werken einen überaus interessanten Ansatz in Bezug auf eine erfolgreiche Auseinandersetzung mit den Problematiken der Zeit der klassischen Moderne, sowie der Frage nach der Rolle und Legitimation des Schreibens. Aus diesem Grund sollte und wird der längsten Erzählung aus Musils *Nachlass zu Lebzeiten* in der aktuellen Forschung ein bedeutenderer Platz eingeräumt. Zunächst scheint die Erzählung vielleicht wenig spektakulär, eine klassische Novelle mit nur bedingt aufregendem und für die Epoche nicht untypischem Inhalt. Wenn man sich aber mit moderner Literatur beschäftigt, stellt man immer wieder fest, dass Musil einer der bedeutendsten Autoren dieser Zeit war. „Für viele Aspekte und Probleme der modernen Welt [hat er] bereits überzeugende künstlerische Lösungen gefunden[hat]"[1] und vor allem seine Erzählweise ist bei weitem „nicht so harmlos ist, wie sie auf der Oberfläche erscheint", dies gilt ebenso für die Werke des Nachlass zu Lebzeiten. Die Geschichten des Nachlass zeichnen sich, so Luserke, besonders durch ihr narratives Muster aus[2]. Ihre vielschichtige Erzählstruktur beeinflusst in höchstem Maße die Handlung und die Bedeutungsgenerierung des Inhaltes. Besonders

> die Eigenart der Amsel gründet weniger in den erzählten Inhalten, als vielmehr in der Erzählstruktur, aus der diese erst ihren Stellenwert und ihre ohne Berücksichtigung des Inhalts kaum zu ermittelnde Bedeutung erhalten.[3]

Basiert auf selbiger Annahme, soll in dieser Arbeit der These nachgegangen werden, dass die Erzählstruktur der Amsel einen bedeutenden Einfluss auf den Inhalt der Erzählung hat und dadurch eine intensive Auseinandersetzung mit den Thematiken, sowie den Problematiken der Erzählung ermöglicht. Zur Bearbeitung der These soll zunächst die Erzählstruktur für sich alleinstehend, also mehr oder weniger vom Inhalt losgelöst, beschrieben und analysiert werden. Im nächsten Schritt wird dann darauf eingegangen wie die Erzählstruktur eben mit dem Inhalt der Erzählung verknüpft ist. Inhalt und Struktur generieren nur im Zusammenspiel die aussagekräftige Bedeutung der Handlung der Amsel. Anschließend soll sich kurz die Frage gestellt werden, welche Auswirkungen dieser Erzählansatz auf die Aufgabe des Dichters ist.

## 2. Zur Erzählstruktur

Auf den ersten Blick scheint es sich bei der Amsel um eine typische Novelle zu handeln. Es gibt eine Rahmenerzählung und mindestens eine, je nach Argumentation aber sogar drei Binnenerzählungen. Der Rahmenerzähler stellt den Binnenerzähler und dessen Zuhörer vor.[4]

---
[1] Zeller, Rosmarie: Musil im Kontext der Poetik, S.21
[2] Ebd.. S.20 f.
[3] Eibl, Karl: Die dritte Geschichte. Hinweise zur Struktur von Robert Musils Erzählung die Amsel S.455
[4] Vgl. ebd.

Aeins und Azwei [5] befinden sich auf einem Balkon in der Stadt, sie sind alte Schulfreunde und Azwei nimmt das Wiedersehen zum Anlass Aeins von einigen Geschenissen, die sich in der letzten Zeit ereignet haben, zu berichten. Ob Aeins' Anwesenheit für Azwei dabei eine große Rolle spielt, soll erst einmal dahingestellt bleiben. Dass Azwei keinerlei Reaktion von Aeins erwartet und die Funktion des Erzählens hier anscheinend gänzlich beim Erzähler liegt und ob Aeins lediglich die Rolle eines passiven Zuhörers erfüllt, wird im Anschluss diskutiert. Beschäftigt man sich nun mit der Frage nach der Gattung der Amsel und geht aufgrund der Aufteilung in Rahmen- und Binnenerzählung davon aus, dass es sich um eine klassische Novelle handelt, muss man allerdings schon ziemlich zu Beginn der Erzählung stutzig werden. Der Erzähler leitet zwar die Erzählung und deren Notwendigkeit ein („Die beiden Männer, deren ich erwähnen muß [sic!], um drei kleine Geschichten zu erzählen […], waren Jugendfreunde, nennen wir sie Aeins und Azwei."[6]) zieht sich dann aber sehr schnell gänzlich als Ich-Erzähler aus der Erzählung zurück (ca. ab Seite 523). Der Ich-Erzähler der Rahmenerzählung lenkt nicht mehr, er springt nicht in der Vita der Protagonisten und leitet auch am Ende kein Fazit ein. [7] Durch den Rückzug des Rahmenerzählers fällt auch der klassische Rahmen der Novelle weg. Ein solch offener Aufbau kann durchaus als Adressierung der Problematik vom Wegfall von Richtlinien in Bezug auf Dichtung angesehen werden. Gleichzeitig spiegelt es aber auch die Bedürfnisse der Zeit wieder. Die Epoche der Moderne ist durch eine gravierende Verunsicherung gekennzeichnet, bisherige Richtlinien greifen nicht mehr und können demnach nicht mehr als Bezugspunkte genutzt werden. Auch Künstler sehen sich unter Druck immer neue Kunstformen zu entwickeln. Der klassische Aufbau einer Novelle könnte diesem Anspruch nicht gerecht werden. Zieht man nun auch noch Musils Essays über Literatur mit ein, darf also durchaus davon ausgegangen werden, dass die klassische Form bewusst aufgebrochen wurde. So können zum Einen Problematiken aufgezeigt und dabei gleichzeitig auch über die Rolle des Erzählens an sich reflektiert werden. Durch den bewussten Aufbruch der Form werden Grenzen aufgelöst; dadurch, dass die Form offen bleibt, bleibt auch die Geschichte offen - sie hat keine richtige Grenze nach hinten. Dieser Effekt wird auch durch das Verschwinden des Rahmenerzählers unterstützt. Es kann also behauptet werden, dass die Grenzen der klassischen Narrationsstrukturen überschritten werden, indem Strukturen gänzlich aufgelöst werden. Schon ohne den Inhalt zu betrachten kann und muss man sich hier die Frage stellen, was dies für das Ende der Geschichte zu bedeuten hat. Kann sie trotzdem in sich abgeschlossen sein? Immerhin ist Azwei am Ende der Erzählung auch mit seiner Geschichte fertig, aber kann sie als beendet gewertet werden? Allein durch die Tatsache, dass es sich bei dem erzählerischen Ende der Geschichte um ein offenes handelt, muss diese Frage verneint werden. Wenn später der Inhalt zur Analyse herangezogen wird, wird sich darüber hinaus

---

[5] Zur Bedeutung der Namensgebung allein könnte ein komplettes Essay verfasst werden, weswegen darauf an dieser Stelle nicht eingegangen werden soll.
[6] Musil, Robert: Die Amsel, S.521
[7] Vgl. Pickerodt, Gerhart: Robert Musils die Amsel als narratives Modell Model

zeigen, dass Azweis Geschichte niemals nach einem Ende verlangen konnte. Die Erzählung ist also im klassischen Sinne nicht zu einem Resultat gekommen, was, wie bereits erwähnt, auch schon durch die offene Erzählform vorweg genommen wird. Wie bereits im vorherigen Absatz erläutert, wird die geschlossene Rahmenerzählung einer Novelle durch den Wegfall des Rahmenerzählers schon früh aufgelöst. Dass dieser sich erst als ein Ich zu erkennen gibt, um sich dann gänzlich zurückzieht kreiert eine verwirrende Wandlung im Erzählablauf. Der Ich-Erzähler, der zunächst seine Wichtigkeit betont, scheint seine Verantwortung gänzlich an den Erzähler Azwei abgegeben zu haben. Was ist aber nun die Funktion des Eingangserzählers? Wieso muss dieser sich zunächst als ein Ich hervorheben, nur um dann wieder zu verschwinden?

Der Erzähler leitet nicht nur die Notwendigkeit der Erzählung ein[8], sondern ist auch funktional nicht zu unterschätzen. Als Eingangserzähler tritt er nämlich mit eben dem Anspruch auf der Erzähler aller Handlungen zu sein, so sagt er explizit, dass er *erzählen* will. Azwei dagegen hebt sich, wenn er den Rahmenerzähler ablöst, selbst nicht explizit als Erzähler hervor. So könnte nach Pickerodt davon ausgegangen werden, dass Azwei im Gegensatz zum Erzähler berichtet. Zwischen den beiden Begriffen *erzählen* und *berichten* gibt es einen eindeutigen Unterschied[9]. Geschichten beispielsweise werden erzählt, sie sind mit großer Wahrscheinlichkeit fiktiv und ausgeschmückt, wohingegen Tatsachen berichtet werden, es handelt sich also um Erlebnisse, die tatsächlich stattgefunden haben. Wenn nun die Erlebnisse aus Azweis Leben von Azwei berichtet und vom Eingangserzähler erzählt werden, ergibt sich dadurch ein ganz neuer Ansatz für das Wahrheitsverständnis der Geschichte bzw. Wahrheitsgenerierung im Prozess des Erzählens. Pickerodt schreibt dazu, dass sich der Inhalt der Geschichte[10] durch die Kombination von Erzählung und Bericht nun sowohl den von Musil definierten Bereich des Ratoiden abdeckt, als auch den des Nichtratoiden. [11] Tatsachen und deren rationale Erfassung und dass Gebiet der Werte und Bewertungen werden miteinander verschmolzen, wodurch sich die Möglichkeit ergibt eine mehr oder weniger eindeutige Bedeutung zu finden. Diese wäre dann allgemeingültig für die Gesamtheit der Welt, in der es ja auch nicht nur das Eine (rationale Wahrheit) oder das Andere (irrationale Bewertung) gibt, sondern die beides in sich vereint. Wie später noch im Detail aufgezeigt werden soll, ist es auch für Azwei ein starker Beweggrund die Geschichten zu erzählen, „um zu erfahren, ob sie wahr sind"[12], und erläutert weiter dass keine Notwendigkeit bestünde die Geschichte zu erzählen,

---

[8] Vgl. Musil, Robert: Die Amsel, S.521
[9] Die Unterscheidung von *berichten* und *erzählen* soll nur an dieser Stelle vorgenommen werden, um die unterschiedlichen Ansprüche der beiden Erzähler hervorzuheben. Im Verlauf der Arbeit sollen die Begriffe dann aber wieder als Synonyme benutzt werden, um einen angenehmeren Lesefluss zu erzeugen.
[10] Der Begriff Geschichte soll hier sowohl die Erzählung an sich, als auch die Ereignisse aus Azweis Leben beschreiben
[11] Vgl. Pickerodt, Gerhart: Robert Musils die Amsel als narratives Modell, S.62
[12] Musil, Robert: Die Amsel, S.526

wenn er schon wüsste, was sie bedeutet.[13] Durch das Erzählen der Geschichte gelangt sie erneut wieder zur Aktualität. Sie formt sich neu im Ablauf des Erzählens.

> Das Erzählen der Geschichte bedeutet dies, daß [sic] die Geschichte nicht etwas abstrakt Identisches darstellt, sondern als lebendiges Gebilde mit jedem Schritt ihres erzählerischen Vollzugs eine neue Gesamtkonstellation hervorbringt. [14]

In der Erzählung bzw. besser gesagt der Erzählung des Berichts von Azwei liegt also der Schlüssel zur Sinngebung der Geschehnisse. Damit ist auch klar, warum der Rahmenerzähler funktional so wichtig ist und auch die Wichtigkeit der Erzählung betont, indem er explizit hervorhebt, dass er *erzählen muss*. Durch das Hervorheben des Erzählvorgangs wird aber gleichzeitig auch die Fiktionalität der Geschichte betont, weswegen Eibl davon ausgeht, dass die Fiktionalität als ein Problem der Geschichte hervorgehoben wird. Er geht davon aus, dass „der Hinweis auf die Wichtigkeit des Erzählers [wird] zur Aufforderung wird diese Fiktionalität genau zu untersuchen."[15] Diese Aufforderung kann zwar auf den ersten Blick hinderlich zur Fähigkeit der Erzählung Wahrheit zu generieren gewertet werden, es kann aber genauso gut bedeuten, dass es notwendig ist die Fiktionalität der Welt zu hinterfragen und dabei aber anzunehmen, dass sie genauso wahr ist wie vermeintliche Tatsachen bzw. dass viele Dinge auf der Welt mehr Schein als Sein sind, und damit genauso fiktiv, wie vielleicht eine Erzählung. Zu dieser Einsicht kommt auch Azwei immer wieder und genau hier treffen sich auch wieder Erzählstruktur und Inhalt der Geschichten.

### 3. Erzählstruktur und Inhalt

Nach der Einleitung durch den Eingangserzähler beginnt Azwei mit seiner Geschichte. Er erzählt von seinem Leben in der Stadt, in der alle Menschen gleich sind und das gleiche Leben führen.[16] Trotzdem denkt er immer wieder an seine Eltern, die ihm das Leben geschenkt haben.[17] Zwar wird diese Redensart von ihm direkt als Lüge enttarnt, dennoch bleibt ein wahrer Kern, der, so Eibl, in Azwei weiterwirkt.[18] Wortlaut und genauer Kontext scheinen unwichtig zu werden, was bleibt ist ein Verweisen auf eine tiefere Bedeutung und eine grundlegende Wahrheit -ähnlich wie bei der Fiktion. Als Kontrast zum Geschenktem, dem Leben, steht das gekaufte Leben in Form einer Wohnung in der Stadt. Diese gilt es zu verlassen. Der Kreis des Scheinheiligkeit kann an dieser Stelle aufgebrochen werden, der wahre Kern erscheint greifbarer. Azwei hat dies zwar schon länger im Gefühl, wartet aber auf ein Zeichen von außen. Er braucht einen Anstoß. Genau wie den meisten anderen Menschen in Musils Erzählungen fehlt es Azwei an einer antreibenden inneren Motivation. Zeller schreibt dazu, dass Musil eine innere Antriebslosigkeit der Figuren zum Prinzip macht.[19] Zufälle werden zu Auslösern von

---
[13] Musil, Robert: Die Amsel, S.534
[14] Pickerodt, Gerhart: Robert Musils die Amsel als narratives Modell, S.65
[15] Eibl, Karl, Die dritte Geschichte. Hinweise zur Struktur von Robert Musils Erzählung Die Amsel, S.456
[16] Musil, Robert: Die Amsel, S.523 ff.
[17] Ebd.
[18] Vgl. Eibl, Karl, Die dritte Geschichte. Hinweise zur Struktur von Robert Musils Erzählung Die Amsel, S. 459
[19] Zeller, Rosmarie: Musil im Kontext der Poetik des modernen Romans, S.34

einschneidenden Erlebnissen im Leben der Protagonisten und Wendepunkte werden dadurch zu Zufällen. Eben diese Zufälligkeit der Ereignisse hält die einzelnen Bestandteile des Textes beweglich, was ein Betrachten der Dinge von unterschiedlichsten Seiten und aus verschiedenen Perspektiven ermöglicht. Dieser Perspektivwechsel wird in der Geschichte zum Einen ganz buchstäblich thematisiert, indem Azwei für eine wichtige Unterhaltung auf einen Schrank klettert und diese eben aus einem neuen Blickwinkel führt[20], aber eben auch durch neue Erzählstrukturen, wie den Perspektivwechsel vom Rahmen- zum Binnenerzähler.

Im Fall der ersten Geschichte ist die Amsel das Zeichen von außen, auf das Azwei gewartet hat, er verlässt schlussendlich seine Frau. Wie Pickerodt richtig feststellt bleibt diese erste Geschichte an dieser Stelle unabgeschlossen[21]. So sagt Azwei:

> Du wirst annehmen, dass die Geschichte damit zu Ende ist? Erst jetzt fing sie richtig an, und ich weiß nicht, welches Ende sie finden soll. [22]

Damit wird zum einen das offene Ende der Amsel vorweggenommen, zum Anderen schafft Azwei so aber auch eine Überleitung zur nächsten Geschichte und legitimiert weitere Erzählungen. Es ist notwendig, dass er weitererzähle, um im Prozess die Erlebnisse zu aktualisieren und deuten zu können. Das zweite rätselhaft mystisch konnotierte Erlebnis in Azweis Leben, das hier eingeleitet wurde, ist die Nahtoderfahrung als Soldat im Krieg. Im Angesicht des Todes, so betont Azwei, fühlt er sich Gott so nahe wie noch nie zuvor. Er beschreibt sogar, dass Gott in seinen Leib gefahren sei.[23] Das Mystische oder zumindest das Religiöse scheint ihm greifbar real, „[...] und plötzlich war das Singen [das zunächst überirdisch war] zu einem irdischen Ton geworden [...]"[24]. An dieser Stelle vereinen sich das Rationale und das Irrationale in Azwei, aber auch auf textlicher Ebene. Es wird auf kleiner Ebene aufgezeigt, was sich in der Erzählung selbst auf größerer Ebene vollzieht. Das dritte mystische Ereignis ist Azweis Regression in die Kindheit. Nach dem Tod der Mutter kehrt Azwei in sein Elternhaus zurück und setzt sich mit seiner eigenen Vergangenheit und dem Verhältnis zur Mutter auseinander. Azwei und seine Mutter scheinen in den letzte Jahren kein allzu gutes Verhältnis zueinander gehabt haben, dennoch ist Azwei sich ihrer Liebe sicher. Auch die Mutter beteuert ihre Liebe zu Azwei, trotz des nur seltenen Kontakts zwischen den beiden, immer wieder. Auch der dritten Geschichte gelingt es Azwei den Schein einer, so scheint es, bloß daher gesagten Aussage seiner Mutter zu enttarnen und zum wahren Kern zu gelangen. Zwar scheint es ihm etwas übertrieben, dass seine Mutter sich wünscht zu sterben, um ihm mit dem wenigen helfen zu können, was er einst erben wird[25], dennoch glaubt er daran, dass im Gefühl „eine Art Urentscheidung des Körpers [gibt] liegt, bei der die letzte Macht und

---

[20] Musil, Robert: Die Amsel, S.523
[21] Vgl. Pickerodt, Gerhart: Robert Musils die Amsel als narratives Modell, S. 66
[22] Musil, Robert: Die Amsel, S.552
[23] Ebd. S.529 f.
[24] Ebd. S.529
[25] Ebd. S.532

Wahrheit liegt"[26]. Hier wird wieder eine Aussagen wieder übertrieben und in ihrem genauen Wortlaut als unwahr enttarnt, genau wie in der ersten Geschichte behält sie aber einen wahren Kern, der in einer Art Urzustand begründet liegt. Hier schließt sich wieder der Kreis zur ersten Geschichte und dem Erzählen an sich.

Aeins dagegen darf als Zuhörer nie in die mystische wahrheitsgeladene Welt Azweis eintreten. Seine Fragen werden abgewiesen und Azwei erwartet noch nicht einmal eine Reaktion seines Gegenübers. So sagt er „Ich will übrigens nicht deine Lossprechung. Ich will dir meine Geschichten erzählen um zu erfahren, ob sie wahr sind."[27] Es zeigt sich dabei ganz deutlich, dass die Funktion des Erzählens allein beim Erzähler liegt. Es könnte sich bei Azweis einseitigem Darstellungsakt natürlich auch um ein bloßes Abladen von psychischen Belastungen und Erinnerungen handeln[28]. Dagegen spricht aber die klare Notwendigkeit des Erzählens, die vom Eingangserzähler so stark betont wird und die nicht rein in Azweis Innerem begründet liegt, sonst hätte zum Einen auch gänzlich auf den Rahmenerzähler verzichtet werden können und zum Anderen fehlt Azwei schlichtweg, wie bereits angesprochen, die innere Motivation für solch lebensverändernde Entscheidungen. Es scheint also eine äußere Notwendigkeit zu geben, die sich dann mit der persönlichen Motivation Azweis vereint. Der Eingangserzähler verschmilzt mit dem Binnenerzähler, inhaltlich, sowie auch auf der Ebene der Erzählstruktur. Im Erzählen reflektiert Azwei immer wieder über das Erzählen selbst, er sagt: „Wüsste ich den Sinn, so bräuchte ich es wohl nicht zu erzählen."[29]. Wieder wird die Notwendigkeit des Erzählens, und die enge Verbindung von Erzählen und Sinngebung betont. Im Erzählen bildet sich der Wahrheitscharakter des Erlebten in der Geschichte. Der Erzähler verhält sich dabei reflektierend und aktiv schaffend zugleich, er bringt die Erlebnisse zu neuer Aktualität. Indem er dies tut kommt die Geschichte in ihrer Reflexion bei sich selber an. Die Geschichte der Kindheit beispielsweise endet offen, sie scheint aktuell, und der Erzähler noch mitten in ihrer Handlung zu stecken, obwohl klar ist, dass sich Azwei im Moment des Berichtens keinesfalls mehr in seinem Elternhaus befindet, sondern auf einem Balkon in der Stadt. Auch hier spielt wieder die enorm wichtige Funktion des Rahmen- bzw. Eingangserzählers mit rein, der zu Anfang der Geschichte so detailliert erklärt, wo die Handlung jetzt gerade in diesem Moment stattfindet. Dadurch werden zwei Ebenen geschaffen, die verdeutlichen, dass die erzählten Geschichten nicht nur stofflich-inhaltlich unabgeschlossen, sondern auch in der Erzählung selbst fragmentarisch bleiben. Azwei scheitert an dem Versuch das Erlebte zur Sprache zu bringen[30]. Pickerodt geht sogar noch einen Schritt weiter und stellt die These auf, dass der Erzähler sich seines Scheiterns und auch der Differenz zwischen Erlebnissen und Erzählungen bewusst ist, weswegen er immer wieder über den Prozess des

---

[26] Musil, Robert: Die Amsel, S. 532
[27] Ebd. S.534
[28] vgl. Pickerodt, Gerhart: Robert Musils die Amsel als narratives Modell, S. 69
[29] Musil, Robert: Die Amsel, S.543
[30] Vgl. Eibl, Karl, Die dritte Geschichte. Hinweise zur Struktur von Robert Musils Erzählung Die Amsel

Erzählens reflektieren muss[31]. Dies zeigt sich aber nicht nur in den Reflexionen über den Erzählvorgang, sondern auch an der Stelle im Text, in der Azwei sich eine Indifferenz zwischen lautlichem Klang und tatsächlicher Sprache eingesteht[32]. So gerät die Fähigkeit von Erzählung Wahrheit zu generieren dann doch mit dem Ende des Erzählten wieder ins Wanken. Hier, so kann argumentiert werden, schließt sich der Kreis: Mit dem Ende der Erzählung geht auch die, durch das Erzählen und rein im Moment der Erzählung geschaffene, Bedeutung der Erlebnisse wieder verloren. Erst wenn Azwei erneut davon berichtet[33] kann er wieder eine neue Bedeutung finden. Die Textstelle kann aber auch als ein Plädoyer gegen die Fähigkeit von Sprache die Welt zu erfassen, aufgefasst werden. Hier würde dann aber ein weitaus ernüchternderer Ansatz verfolgt werden.

## 4. Fazit

Wenn man sich intensiv mit Musils *Die Amsel* auseinandersetzt, stellt man schnell fest, dass die Erzählung mehr zu bieten hat als es auf den ersten Blick scheint. Durch ihre intensive Reflexion über das Thema Erzählung und deren Möglichkeiten, sowie die enge Verflechtung von Erzählstruktur und erzähltem Inhalt ist *Die Amsel* eine wichtige Erzählung aus der Zeit der klassischen Moderne. Sie zeigt radikal, dass Dichtung Erlebnis vermittelt und dabei Geschehnissen Bedeutung geben kann. Indem sie dies tut, kann sie in einer verwirrenden modernen Welt Erkenntnis vermitteln. Dadurch wird poetisches Schreiben legitimiert und der Dichtung wird eine klare und zentrale Rolle in der modernen Gesellschaft zugesprochen.

---

[31] Pickerodt, Gerhart: Robert Musils die Amsel als narratives Modell, S.72
[32] Musil, Robert: Die Amsel, S.535
[33] Auf Seite 535 äußert Azwei folgenden Satz: „Du brauchst aber nicht zu glauben, dass ich diese Geschichte heute schon einmal erzählt habe". Dies lässt vermuten, dass er die Geschichte an einem anderen Tag sehr wohl schon einmal erzählt hat, er dabei aber vermutlich zu einer ‚anderen Wahrheit' gekommen ist. Die Erlebnisse in einer anderen Erzählung etwas ganz Anderes bedeutet haben.

**Literaturverzeichnis**

Eibl, Karl: Die dritte Geschichte. Hinweise zur Struktur von Robert Musils Erzählung Die Amsel. 1970. In: http://www.mellmann.org/sonderdrucke/Eibl1970_Amsel.pdf (14.06.2015).

Luserke, Matthias: Robert Musil. In: Sammlung Metzler. Realien zur Literatur. Stuttgart: J.B. Metzler. 1995.

Musil, Robert: Die Amsel. Gesammelte Werke in Einzelausgaben. Prosa, Dramen, Späte Briefe. Hg. Von Adolf Frisé. Hamburg: Rowohlt Verlag.

Pickerodt, Gerhart: Robert Musils Die Amsel als narratives Modell. In: Robert Musil, Die Amsel. Kritische Lektüren. Materialien aus dem Nachlaß. Hg. von Walter Busch und Ingo Breuer. Innsbruck, Wien: Studien-Verlag. 2000

Zeller, Rosmarie: Musil im Kontext der Poetik des modernen Romans. In: Ders.: Musil-Forum. Studien zur Literatur der klassischen Moderne. Bd.30 2007/2008. Hg. von Matthias Luserke-Jaqui und Rosmarie Zeller. Berlin, New York: Walter de Gruyter-Verlag. 2009

# BEI GRIN MACHT SICH IHR WISSEN BEZAHLT

- Wir veröffentlichen Ihre Hausarbeit, Bachelor- und Masterarbeit

- Ihr eigenes eBook und Buch - weltweit in allen wichtigen Shops

- Verdienen Sie an jedem Verkauf

Jetzt bei www.GRIN.com hochladen und kostenlos publizieren